# 이선비, 암행어사 되다

# 이선비, 암행어사 되다

세계로 글·기획 | 황문숙 동화 | 최현묵 그림

Mirae N 아이세움

# 차례

**꼭두새벽에 찾아온 손님** • 7
암행어사의 임무는 무엇이었을까? • 20

**백성들이 너무 불쌍해** • 25
암행어사의 필수품은 무엇이었을까? • 36

**도둑으로 몰린 암행어사** • 39
역사 속 암행어사는 누가 있을까? • 52

**세로, 암행어사임을 들키다** • 55
조선 시대의 통치 체제는 어땠을까? • 64

**암행어사 출두야!** • 67
조선 시대의 세금 제도는 어땠을까? • 84

**흙투성이 사또를 만나다** • 87
조선 시대의 형벌 제도는 어땠을까? • 100

세계로 선생님들이 들려주는 암행어사 이야기 • 102

## 나오는 사람들

### 이세로(이선비)

호기심 많은 조선 시대의 선비.
뜻하지 않게 암행어사로 발탁된 이세로는
흉년이 심한 평안도를 살펴보고
탐관오리를 색출해 임금님께 보고해야 하는데…….
과연 세로는 숱한 어려움을 이겨 내고
암행어사의 소임을 다할 수 있을까?

### 용이

장터에서 우연히 만난 이세로가
암행어사임을 눈치 챈 소년.
용이는 세로 일행을 따라와
아버지의 억울한 누명을 벗겨 달라며
눈물로 호소하는데…….
용이는 어떤 사연을 간직한 것일까?

### 마강해

몸이 날래고 눈매가 예리한
암행어사 이세로의 듬직한 수행원.
험난한 여정 속에서 좌충우돌 이세로를 도와
무사히 임무를 마칠 수 있을까?

# 꼭두새벽에 찾아온 손님

어슴푸레한 새벽녘, 깊은 잠에 빠져 있던 세로는 이상한 소리에 눈을 떴어요. 아내 진서가 요강을 붙잡고 구토를 하는 게 아니겠어요?

"부인! 왜 그러시오? 뭘 잘못 먹은 게요?"

세로가 걱정 가득한 얼굴로 등을 토닥이자 진서는 미안한 표정을 지었어요.

"며칠 전부터 체기가 있더니……, 저 때문에 잠을 깨셔서 어쩝니까. 날이 밝으려면 아직 멀었으니 좀 더 눈을 붙이세요."

하지만 세로는 잠이 다 달아난 뒤였어요.

"난 괜찮으니 부인이나 좀 더 누워 있으세요. 얼굴빛이 좋지 않습니다."

그때 문밖에서 조심스런 돌쇠의 목소리가 들려왔어요.

"나리……, 쇤네 돌쇠데유. 좀 일어나 보셔유."

세로와 진서는 어리둥절한 표정으로 서로를 쳐다보았어요.

"이런 꼭두새벽에 무슨 일이냐?"

"잠시 나와 보셔야 할 것 같은디요. 궐에서 사람이 나왔어유……."

세로는 화들짝 놀라 마루로 나갔어요. 마당에는 승정원에서 몇 번 본 적 있는 하인이 서 있었어요. 그는 꾸벅 인사를 한 뒤, 품에서 무언가를 꺼내 세로에게 건넸어요. 우아한 황금 장식이 있는 붉은 나무, 그것은 임금님께서 관원을 부를 때 사용하는 패초였죠.

"입궐 채비를 할 테니 잠시 기다리게."

세로는 허둥지둥 관복을 입기 시작했어요. 얼마나 서둘렀던지

옷을 거꾸로 입어 진서가 차분히 다시 입혀 주었어요.

'이런 이른 새벽에 찾으시다니, 무슨 일일까? 내가 무슨 잘못이라도……?'

불길한 생각이 떠올랐지만 세로는 마음을 다잡았어요. 그리고 곧장 승정원 하인, 돌쇠와 함께 집을 나섰지요. 새벽 찬 공기를 뚫고 궐에 도착하자 승정원 관원들이 기다리고 있었어요.

"나를 따라오시게."

관원들은 은밀히 세로를 희정당으로 데리고 갔어요. 희정당 안에는 임금님이 앉아 계셨어요. 임금님 용안을 뵌 세로는 너무 긴장한 나머지 온몸이 나무토막처럼 뻣뻣해졌어요. 큰절을 올리다가 그만 무릎과 이마를 연이어 바닥에 '쿵!' 찧고 말았지요. 그 모습을 지켜본 내관은 웃음을 참느라 입술을 꽉 깨물었어요.

"허허! 어찌 자네는 과인을 볼 때마다 이마를 찧나. 이리 가까이 오게."

세로가 바닥을 기다시피 하며 다가가자 임금님께서 몸을 숙여 속삭이듯 물으셨어요.

"요즘 평안도 쪽의 사정을 알고 있는가?"

뜻밖의 질문에 세로는 머릿속이 어지러웠어요. 평안도는 한 번도 가 본 적이 없거든요.

"자, 잘⋯⋯ 모르옵니다. 통촉하여 주옵소서."

"몇 년 동안 평안도에 가뭄이 심해 극심한 흉년이 계속되고 있다네. 짐이 백성들의 궁핍한 생활이 심히 걱정되어 구휼미를 보냈는데, 몇몇 고을의 아전들이 이를 빼돌려 자신의 배를 불렸다지 뭔가! 이에 철저히 조사하여 엄벌을 내리라 지시했네만, 어디 그들만의 잘못이겠나? 그들을 제대로 통솔해야 할 수령들이 무능한 탓도 있을 걸세."

임금님은 근심이 가득한 얼굴로 깊은 한숨을 쉬셨어요.

"하여 자네를 불렀네. 내 직접 평안도에 가서 사정을 살펴보고 싶으나 그럴 수 없으니, 그대가 과인의 눈과 귀가 되어 다녀와 주게."

말을 마친 임금님은 봉투 하나를 주셨어요. 바들바들 떨며 봉투를 받아 드니 겉면에 '남대문 밖으로 나가 열어 보라.'고 쓰여 있었어요. 세로는 심장이 벌렁거려 숨을 쉬기 어려웠어요.

'이, 이것이…… 말로만 듣던 암행어사 임명장?'

잠시 뒤, 세로는 반쯤 넋이 나간 표정으로 궁궐 문 앞에 서 있었어요. 양손에는 호조에서 건네받은 보따리가 들려 있었지요. 저 멀리서 입이 찢어져라 하품을 하던 돌쇠가 세로를 발견하고 한걸음에 달려왔어요.

"서방님, 무슨 일로 이런 꼭두새벽에 궐로 부르셨대유? 손에 든 그 보따리는 뭐남유?"

세로는 입을 굳게 다물고 성큼성큼 앞서 걸어갔어요.

"어? 어디 가셔유? 집으로 가는 길은 이쪽인디?"

세로는 봉투에 적힌 대로 남대문 밖으로 나갔어요. 그리고 행인이 없는 곳에서 조심스럽게 봉투를 열었어요. 그 안에는 평안남도 지역의 암행어사로 나가라는 어명이 적혀 있었지요. 보따리에는 암행어사가 해야 할 일을 적은 사목과 마패, 길이를 잴 때 사용하는 유척이 들어 있었어요.

"서방님 이게 다 뭐래유? 쌀, 콩, 말린 민어에 귀한 굴비까지……. 아이고, 광목천까지 있네유! 아침부터 이게 웬 떡이래?"

그것들은 세로가 암행 지역인 평안도까지 가는 데 사용할 경비였어요. 하지만 두 달이 넘게 걸릴 암행어사 수행 길에는 턱없이 부족했지요. 암행어사는 고을에서 여비를 구하거나 암행어사임을 내세워 숙식을 제공받는 것이 금지되어 있어서 돈이 떨어지면 길에서 잠을 자고, 음식을 빌어먹어야 해요. 세로는 싱글벙글 웃고 있는 돌쇠를 보며 한숨을 내쉬었어요.

"휴, 이걸로 얼마나 버틸지……. 고생길이 훤하구나!"

"고생길이라니유? 그게 무슨 말씀이래유?"

세로는 돌쇠에게 모든 것을 설명해 주었어요. 너무 놀란 돌쇠는 그 자리에 털썩 주저앉았지요.

"암……암행어사유?"

세로는 허겁지겁 돌쇠의 입을 막았어요.

"쉿! 조용히 해라! 이는 누구에게도 발설하면 안 되느니라! 알겠느냐?"

세로는 신신당부를 한 뒤, 입을 막았던 손을 치웠어요. 그러자 돌쇠가 어리둥절한 표정으로 쳐다보지 뭐예요.

"서방님이 산천초목도 벌벌 떨게 한다는 암행어사가 되셨다니……, 쇤네는 몸 둘 바를 모르겠네유. 그나저나 서방님 말씀대로 임금님께서 내려 주신 노잣돈으로는 턱도 없을 것 같은디, 얼른 집에 가서 옷이랑 곡식을 더 챙겨야겠어유. 마님이 얼마나 기뻐하실까유. 히히히!"

"답답한지고! 누구에게도 발설하면 안 된다고 방금 말하지 않았느냐. 그건 식구들에게도 마찬가지다. 그리고 암행어사는 임명받은 즉시 길을 떠나야 한다."

"예? 지금 당장 간다구유?"

"그래. 하지만 그 전에 먼저 해야 할 일이 있다."

세로는 돌쇠에게 최대한 허름하고 낡은 옷과 갓을 구한 뒤에, 포도청으로 가서 군관 마강해를 불러오라고 시켰어요. 그 사이 세로는 주막에 앉아 조용히 마음을 가다듬었어요.

'내가 암행어사라니……. 전하! 보잘것없는 제게 이런 중책을 맡겨 주시다니, 성은이 망극하옵니다.'

세로는 마음속으로 임금님께 몇 번이고 큰절을 올렸어요. 암행어사가 된다는 것은 유능한 관리로 인정받는다는 뜻이었거든요. 하지만 한편으로는 마음이 편치 않았어요.

'요즘 진서의 안색이 영 좋지 않던데……. 이렇게 인사도 없이 떠나게 되어 어쩌나!'

옷을 구하러 갔던 돌쇠가 군관 마강해와 주막으로 왔어요. 마강해는 세로의 형님 소개로 알게 된 군관인데, 몸이 날래고 무술로는 도성 안에서 손에 꼽을 인재라며 칭찬이 자자했답니다.

"오랜만일세. 내가 암행어사로 임명되었는데, 자네가 내 호위를 맡아 주게나."

갑작스런 제안에 마강해는 당황한 듯 눈을 껌뻑거리다 이내 고개를 끄덕였어요.

"받들어 모시겠습니다!"

허름한 옷으로 갈아입은 세 사람은 한강을 건너기 위해 나루터로 향했어요. 그런데 세로가 갑자기 반대쪽으로 걸어가는 게 아니겠어요?

"서방님. 나루터는 이쪽인데유."

"잠시 들를 곳이 있다."

세로가 향한 곳은 집 뒤쪽에 있는 산이었어요. 당장이라도 집에

달려가 진서에게 기쁜 소식을 전하고 싶었지만 꾹꾹 눌러 참았어요. 집이 내려다보이는 언덕까지 올라간 세로는 저 밀리 보이는 집을 향해 나지막이 속삭였어요.

"부인, 내 곧 돌아오리다. 건강히 잘 지내시오."

전해지지 않을 작별 인사를 하고 세로는 눈물을 훔치며 산을 내려왔어요.

# 암행어사의 임무는 무엇이었을까?

암행어사는 조선 시대에만 있었던 제도로, 임금이 직접 지방에 파견하는 임금 직속 비밀 감찰 관리였습니다. 백성의 어려움을 살피고 지방 수령과 관리들의 잘잘못을 감시하거나 감독했지요.

암행어사의 파견은 왕이 결정했어요. 어느 암행어사가 언제, 어디로 갔는지는 왕과 암행어사, 왕의 비서인 승지밖에 몰랐답니다. 암행어사로 임명된 사람은 절대 그 사실을 말해서는 안 되고, 임명받은 즉시 암행 지역으로 출발해야 했습니다.

암행어사는 왕을 가까이서 모시는 젊고 유능한 관리들 중에서 뽑았어요. 발탁되는 사람은 벼슬이 별로 높지 않았으나, 왕을 대신하는 만큼 권위가 막강했답니다.

암행어사들은 파견된 지방을 누비며 백성들에게 왕의 덕과 통치 방침을 전하는 한편, 지방 관리나 지방 세력가들의 불법을 들추어내서 탐관오리를 벌주었어요. 그렇게 함으로써 왕은 지방의 관리들을 감독하여 기강을 세우고 민심을 안정시킬 수 있었답니다.

## 지방 관리들의 비리를 파헤치고 벌을 내리다

조선 시대의 수령은 지방의 행정 및 사법을 책임지는 자리였어요. 수령을 관리하고 감독하는 권한이 관찰사에게 있기는 하였으나, 관리 감독이 제대로 이루어지지 않아 백성들이 고충을 겪기도 했지요.

한편 관리의 가장 중요한 임무는 백성을 관리하고 세금을 거두는 일인데, 법에 정해진 것 이상으로 백성들에게 부담을 지우고 특산품을 거두어 바꿔치기하는 등의 일이 생기기도 했습니다.

이에 나라에서는 암행어사를 파견해 지방 관리를 조사하고 벌을 내렸어요. 이미 임금님 귀에 들어갈 정도로 많은 비리를 저지른 경우에는 증거를 수집한 뒤 그 자리에서 벌을 내렸답니다.

## 백성을 살피고 왕의 통치 방침을 전파하다

조선 시대의 왕은 백성과 모든 관리를 통치하는 절대 권력을 가졌어요. 그러나 교통과 통신 시설이 잘 발달하지 않아서 왕이 방방곡곡에 있는 지방 관리들까지 일일이 감시하고 백성들의 형편을 살피기는 어려웠답니다. 그래서 지방의 관리들이 일을 잘하고 있는지, 혹시 잘못하는 것은 없는지 몰래 살펴서 보고하도록 왕이 비밀리에 암행어사를 파견했지요.

암행어사는 지방을 시찰하고 중앙 정부의 새로운 정책을 알리는 한편, 지방 관리들의 고충을 임금님께 전달하는 역할을 했어요. 특히 백성의 어려움을 살펴서 고통을 덜어 주는 것이 주된 임무였는데, 소소한 것들까지 하나하나 살펴서 백성을 제대로 보살피지 못하는 수령과 관리들은 처벌했지요.

## 상을 내려 지방 관리를 독려하다

재물에 욕심이 없는 곧고 깨끗한 관리와 마음을 다해 백성을 다스린 수령 등을 찾아 상을 내리는 것도 암행어사의 임무였어요. 지방 관리가 일을 잘하고 평판이 좋은 경우에는 임금님께 알려 상을 내리고, 그들의 이야기를 직접 기록하여 다른 관리들의 모범이 될 수 있게 하였답니다.

이런 포상을 통해 지방 관리들의 기운을 북돋고 열심히 노력하는 분위기를 만들어 주었지요. 퇴계 이황이 수령으로 있던 마을에서는 암행어사가 온다는 소식이 들리자, 백성들이 기뻐하며 잔치를 벌인 일도 있었답니다.

## 소송 사건을 처리하고 죄수의 실태를 점검하다

암행어사는 마을 관아의 감옥에 갇힌 죄수의 실태를 파악하고, 재판 결과를 재심사하여 수령들이 소송과 다툼을 어느 한쪽으로 기우는 것 없이 잘 처리했는지 조사했어요. 즉, 수령들이 진행한 재판 과정에 잘잘못이 있는지를 가려 억울한 백성들을 구제했지요.

조선 시대에는 백성들이 수령을 고소하는 것을 법으로 금지하고 있어서, 백성이 지방 관리의 잘못을 지적하거나 수령이 내린 판결에 억울함을 당해도 마땅히 호소할 곳이 없었어요. 그런 힘없는 사람들의 억울함을 풀어 주고 비리를 저지른 탐관오리를 가차 없이 처벌했기에,

암행어사는 백성들에게 선망의 대상이었습니다. 자신들의 답답함을 해결해 줄 마지막 희망이라고 여겨 출두를 고대하곤 했답니다.

## 효자와 효녀를 찾아내고 각종 정보를 수집하다

암행어사의 임무 중에는 효자와 효부, 열녀를 찾아내는 것도 포함되어 있었어요. 효자비나 열녀문을 받으면 양반들은 가문을 빛낼 수 있었고, 평민들은 각종 의무에서 벗어날 수 있었으며, 천민인 경우는 평민으로 신분이 상승될 수도 있었답니다.

아울러 산야에 묻힌 선비에게 벼슬길을 열어 주고, 100세가 넘는 고령자를 찾아 인사를 하거나, 보살펴 주는 이 없는 노인·늙은 홀아비나 과부·고아를 찾아 위로함으로써 사회 소외 계층까지 두루 살피는 일도 암행어사의 임무였지요.

# 백성들이 너무 불쌍해

한양을 떠난 지 어느덧 한 달이 지났어요. 세로는 해가 뉘엿뉘엿 넘어가는 산길에 털썩 주저앉아 볼멘소리를 했어요.

"아이고, 더는 못 가겠다! 그러기에 내가 아까 그 주막에서 머물자고 했잖느냐."

돌쇠가 난처한 얼굴로 머리를 긁적였어요.

"조금만 더 가면 인가가 나올 거예유. 그리고 돈을 아껴야지, 안 그러면 정말 거렁뱅이처럼 구걸을 해야 될지도 몰라유."

돌쇠의 말에 세로는 부아가 치밀어 올랐어요.

"그러게 누가 광목천을 헐값에 넘기랬느냐? 포목점 여주인의 눈웃음에 홀랑 넘어가서는……."

"쉰, 쉰네가 언제유? 왜 괜한 사람을 잡고 그러셔유?"

"흥정해 볼 생각도 안 하고 덥석 넘기지 않았느냐. 그것만 제값에 팔았어도 우리가 이 고생을 왜 해! 자고로 수행원이 암행어사를 잘 보필해야 하거늘, 네가 이리 헐렁해서야 믿고 일을 맡길 수 있겠느냐?"

그러자 돌쇠도 지지 않고 말대꾸를 했어요.

"얼레? 쉰네가 값을 잘 몰라서 그런 것이지, 여주인 웃음에 홀린 건 결코 아니랑께요."

돌쇠와 세로가 티격태격 다투는 사이, 주변을 둘러보러 갔던 마강해가 나타났어요.

"고개 너머에 버려진 집이 하나 있습니다. 오늘밤은 그곳에서 머무시죠."

마강해와 돌쇠가 땔감을 구하러 간 동안, 세로는 쪽마루에 앉아

지친 다리를 주물렀어요. 당장 밤이슬은 피하겠지만 허물어져 가는 빈집에서 잘 생각을 하니 신세가 한없이 처량하게 느껴졌어요.

"암행어사라고 하면 산천초목도 벌벌 떤다더니, 제대로 된 잠자리 하나도 못 구하는 신세로구나. 앞으로는 정말 구걸이라도 해야 하나……."

그때 어디선가 낑낑거리는 소리가 들려왔어요.

"이게 무슨 소리지?"

세로는 귀를 쫑긋 세우고 집 구석구석을 살폈어요.

'빈집이라더니, 귀신이라도 살고 있으면 어쩌나. 더구나 지금은 나 혼자뿐인데…….'

낑낑거리는 소리는 방쪽에서 들려왔어요. 세로는 조심조심 발걸음을 옮겨 살며시 방문을 열었어요. 컴컴한 방 한쪽에서 동그란 불빛이 빛나더니 '앙!' 하고 울음소리가 울려 퍼졌어요. 너무 놀란 세로는 그만 뒤로 자빠지고 말았어요.

"이 강아지는 안 돼요! 제발 가져가지 마세요!"

정신을 차리고 보니 어린 남매가 강아지를 품에 안고 겁에 질려 오들오들 떨고 있는 게 아니겠어요. 남매는 맨살이 드러난 해진 옷을 입고 있었는데, 어깨며 팔뚝이 해골처럼 깡말라 있었답니다. 작년에 흉년이 심하게 들어 굶주리고 힘든 건 어디든 마찬가지인데, 이 마을은 상황이 더욱 나쁜 것 같았어요.

"얘들아, 난 도둑이 아니야. 빈집인 줄 알고 하루 머물려던 것뿐이란다."

세로는 아이들을 진정시키느라 진땀을 뺐어요. 노래도 불러 주고, 동물 흉내도 내며 어르고 달랬죠. 잠시 뒤, 집으로 돌아온 돌쇠와 마강해도 아이들을 보고 깜짝 놀랐어요.

"너희 이 집에 사는겨? 부모님은 어디 가셨남?"

"아빠는 멀리 돈 벌러 갔고, 엄마는 아침 일찍 산에 나무껍질 벗기러 갔어요."

먹을 것이 없을 때, 백성들은 굶어 죽지 않기 위해 소나무나 느릅나무 껍질을 벗겨 먹었어요.

"돌쇠야, 밥을 넉넉히 지어라."

세로는 금방이라도 쓰러질 것 같은 아이들이 걱정스러워 서둘러 밥을 짓게 했어요. 시간이 지나 아이들이 경계를 풀자 세로가 물었어요.

"아까 나한테 강아지를 가져가지 말라는 게 무슨 말이냐?"

"무서운 아저씨들이 와서 무쇠솥이랑 수저, 그릇을 다 가져갔어요. 세금 대신이라면서요. 엄마가 울면서 매달려도 소용이 없었어요. 그리고……."

아이는 울먹이며 강아지를 꼭 껴안았어요.

"우리 집 백구랑 새끼들도 다 데려갔어요. 이놈은 항아리 안에 숨겨 놔서 못 가져간 거예요."

딱한 사정에 세로는 한숨이 나왔어요. 옆에 있던 마강해도 먼 산을 보며 긴 숨을 토했지요.

'세금 대신 가져간 모양이군. 세금을 거두는 것도 정도껏 해야지! 전하의 근심이 깊으신 이유가 있었구나…….'

돌쇠가 갓 지은 밥으로 상을 차려 왔어요. 반찬이라고는 된장뿐이었지만 두 아이는 순식간에 먹어 치웠어요. 세로는 슬그머니 자기 밥을 아이들 밥그릇에 덜어 주었어요. 그러자 식탐 많은 돌쇠가 세로에게 밥을 양보하는 게 아니겠어요?

"큰일 하실 분이 든든히 드셔야쥬."

암행어사 노릇을 잘해서 불쌍한 백성들을 도와주라는 당부였어요. 오랜만에 든든히 밥을 먹은 아이들은 배가 올챙이처럼 볼록해져서 잠이 들었어요.

밤이 깊어 부엉이 울음소리가 들려올 즈음, 아이들 엄마가 돌아왔어요. 지친 기색으로 방문을 열던 엄마는 세로 일행을 보고 화들짝 놀랐죠.

"뉘, 뉘시오? 우리 애들은 어딨어요?"

돌쇠가 황급히 일어나 자초지종을 이야기했어요.

"너무 놀라지 말아유. 먼 길 가는 행인인디, 빈집인 줄 알고 하룻밤 묵으러 왔다가 애들을 봤구만유. 애들은 배불리 먹고 잠들었으니 걱정 마셔유."

잔뜩 겁에 질려 있던 엄마는 방 한쪽에서 새근새근 잠들어 있는 아이들을 보고 마음을 놓았어요.

세로는 아이들 엄마에게 이 지역의 사정을 물었어요. 암행 지역은 아니지만 임금님께 보고를 해야겠다고 생각했거든요. 아낙네는 나무껍질처럼 거친 손을 어루만지며 대답했어요.

"이 고을은 넉넉하지는 않아도 먹고살 만한 곳이었습니다. 우리 가족도 작은 땅이 있어 굶을 일은 없었지요. 하지만 몇 년째 이어진 가뭄으로 형편이 어려워지고, 엎친 데 덮친 격으로 새 사또가 부임하면서 세금을 독촉했습니다. 나라에서 나누어 준 구휼미를 갚으라며 몇 배나 되는 곡식을 거두어 가더니, 그것도 모자라 땅과 살림살이까지……. 심지어 남편은 군포를 내지 못해 군역에 끌려갔는데, 살았는지 죽었는지도 모릅니다. 흑흑!"

아이들 엄마는 참았던 눈물을 쏟아 내며 하소연했어요. 임금님은 백성들의 고충을 덜어 주려고 세금을 줄이고 구휼미를 내리셨는데, 백성들의 삶은 나아진 것 없이 팍팍할 뿐이었어요. 세로는 이런 고충에 시달리고 있을 수많은 백성을 생각하니 눈물이 핑 돌았어요.

다음 날 아침, 세로는 일찍 길을 떠났어요. 아이들은 그새 정이 들었는지 강아지를 데리고 언덕 너머까지 배웅을 나왔지요.

"얘들아, 집에 가거든 강아지를 숨겨 놓았던 항아리 안을 살펴보아라."

"항아리 안이오?"

아이들은 어리둥절한 표정으로 세로를 쳐다보았어요. 하지만 돌쇠는 뭔가 알고 있는 듯 툴툴거렸지요.

"이제 남은 건 잡곡 한 줌과 광목천뿐이네유. 아유, 앞으로는 하루에 한 끼만 드셔야 해유!"

"나리, 잘하셨습니다. 끼니는 제가 어떻게든 해결할 테니 걱정 마십시오."

세로는 집을 떠나 오면서 곡식과 노잣돈을 항아리 안에 넣어 두었어요. 그렇게라도 아이들을 돕고 싶었거든요. 세로는 멀어지는 아이들의 모습을 바라보며 중얼거렸어요.

"저 아이들을 도운 것처럼 평안도의 백성들도 도울 수 있으면 좋으련만……."

막중한 암행어사의 임무를 과연 잘 해낼 수 있을지, 세로는 책임감에 새삼 어깨가 무거워졌습니다.

# 암행어사의 필수품은 무엇이었을까?

왕이 직접 파견하는 암행어사는 임금님께 봉서를 받는 즉시 암행 지역으로 출발해야 했어요. 봉서에는 사목과 마패, 그리고 유척 두 개가 들어 있었답니다.

## 봉서

왕이 암행어사를 임명할 때 내리는 문서입니다. 암행어사에게 내리는 봉서에는 감찰할 지방의 문제점을 알리고, 그 일을 조사하여 해결하고 보고할 것을 지시하는 내용과 그 일을 수행하는 데에 규칙이 되는 사목과 마패·유척 등을 내린다는 내용이 적혀

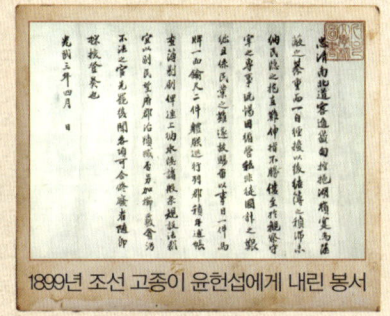

1899년 조선 고종이 윤헌섭에게 내린 봉서

있습니다. 봉서를 받은 관리는 정해진 장소에서 임금님의 봉서를 개봉하고, 읽는 즉시 해당 지역으로 출발해야 했습니다.

## 사목

사목은 암행어사가 할 일을 적은 책으로, 일종의 업무 지침서예요. 암행어사의 역할을 설명하고, 가야 할 지역에 대한 간단한 설명도 들어 있었습니다. 직무 수행 사항이 8도별로 조목조목 적혀 있고 앞선 암행어사들이 어떤 활동을 했는지도 잘 기록되어 있어서, 암행 지역과 그 지역 수령을 미리 파악할 수 있었습니다.

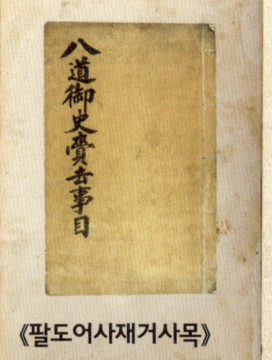

《팔도어사재거사목》
암행어사의 직무를 적어 둔 책이다.

## 마패

마패는 역마와 역졸을 이용할 수 있는 증명서로, 봉서 대신 암행어사의 신분증 역할을 했습니다. 임금의 명을 받았음을 알려 주는 권력의 상징이자, 어사의 봉고(어사가 못된 짓을 많이 한 고을의 수령을 파면하고 관가의 창고를 봉하여 잠그는 것)나 처분 문서에 마패를 날인해 직인으로 대신 썼지요. 마패에 새겨진 말의 수는 징발할 수 있는 말의 수를 나타내며, 관직에 따라 다르게 지급되었어요.

지름 약 10센티미터 정도의 구리쇠로 만든 둥근 패. 연호 연월일과 '상서원인'이라 새기고, 한쪽 면에는 말을 새겼다.

출두할 때는 역졸이 이 마패를 손에 들고 "암행어사 출두!"를 외쳤습니다. 암행어사 업무가 끝나면 다시 반납해야 했으며, 마패를 잃어버리거나 위조하면 나라에서 큰 벌을 내렸습니다.

## 유척

놋쇠로 만든 자로, 사각 기둥 모양으로 생겼어요. 암행어사에게는 두 개의 유척이 지급되는데, 하나는 죄인을 매질하는 태나 곤장 등의 형벌 도구가 규격에 맞는지 잴 때 사용했으며 나머지 하나는 세금이 제대로 걷히는지 도량형을 감찰할 때 썼습니다.

길이 246밀리미터, 폭 12밀리미터, 높이 15밀리미터의 사각 기둥 형태이다.

# 도둑으로 몰린 암행어사

"한 필 값이 고작 한 냥이유? 족히 두 냥은 될 터인디, 순 도둑 심보 아녀?"

"어허, 물정 모르는 사람일세! 내가 후하게 쳐 주는 거라니까."

돌쇠는 포목점 주인과 실랑이를 벌이고 있었어요. 노잣돈이 떨어져 마지막 남은 광목천을 팔려고 흥정 중이었지요. 하지만 세로는 다른 곳에 정신이 팔려 있었어요.

"뜨끈한 국밥에 기름기가 자르르 흐르는 고기를 한 점 얹어 먹으면……, 죽어도 여한이 없겠구나."

세로는 장터에 들어설 때부터 정신을 차릴 수가 없었어요. 사방에서 풍겨 오는 음식 냄새를 맡자니 뱃속에서 연신 꼬르륵 소리가 났어요.

"마강해, 자네는 배 안 고픈가?"

세로가 군침을 삼키며 물었어요. 하지만 마강해는 언제나 그렇듯 무뚝뚝하게 대답했어요.

"전 괜찮습니다."

돌쇠와 포목점 주인의 흥정을 지켜보던 마강해는 답답하다는 듯 고개를 저으며 두 사람에게 다가갔어요. 마강해가 팔짱을 끼고 노려보자, 유들거리던 포목점 주인의 얼굴이 굳어졌지요.

"떡 사시오! 둘이 먹다가 하나가 죽어도 모를 만큼 맛있는 떡이 왔어요! 떡 사시오!"

떡장수의 소리에 홀려 세로는 자기도 모르게 좌판 앞으로 다가갔어요. 떡이라면 자다가도 벌떡 일어나는 세로의 눈앞에 맛있는 떡들이 즐비하게 놓여 있었죠.

'맛있겠다……. 떡을 보니 진서를 처음 만났을 때가 생각나네.'

세로는 어릴 적 어머니를 잃고 후원에서 울고 있던 진서에게 떡을 주었던 기억이 떠올랐어요. 그러자 진서에 대한 그리움과 함께 배고픔이 몰려와 한숨이 절로 났지요.

'집에 가면 진서가 맛있는 꿀떡을 해 주련만, 이게 웬 고생이람!'

"거기 선비님, 떡 사실 겁니까? 안 살 거면 옆으로 비키십시오."

떡장수는 못마땅한 눈으로 세로를 훑어보았어요. 기분이 상했지만 세로는 고개를 빳빳이 들고 말했어요.

"안사람에게 무슨 떡을 사다 줄까 고르는 중일세."

그러면서 당당히 떡고물을 맛보았어요.

"흠, 콩고물이 아주 고소하구만."

떡장수는 입을 삐죽거리며 좌판 앞에 모여든 거지들을 쫓기 시작했어요. 그 순간, 세로의 허리춤 사이로 시커먼 손 하나가 쑥 들어와 좌판에 놓인 떡을 한 움큼 집어갔어요. 하지만 떡고물에 정신이 팔린 세로는 전혀 눈치 채지 못했지요.

"아니, 이 양반이 돈도 안 내고 떡을 먹어! 도대체 몇 개나 먹은 거요?"

떡장수는 떡이 없어진 걸 발견하고 노발대발했어요.

"난 아니네! 난 떡고물만 조금 집어먹었는데……."

"그럼 그 많은 떡을 귀신이 먹었단 말이오, 개가 물어 갔단 말이오? 잔말 말고 당장 내 떡 값 내놓으시오!"

"글쎄 내가 먹은 게 아니라니까 그러네."

세로의 말에 떡장수는 얼굴까지 벌게졌어요.

"보아하니 땡전 한 푼 없는 모양이구만! 에라, 이 도둑놈!"

떡장수는 세로의 멱살을 잡고 고래고래 소리쳤어요.

"이 도둑놈 좀 보시오! 입에 떡고물을 잔뜩 묻히고는 떡을 안 먹었다고 발뺌을 합니다!"

"누구를 도둑으로 모는 게야? 나는 떡을 안 먹었다 하지 않나!"

두 사람의 실랑이에 하나둘 사람들이 모이더니 세로를 손가락질하기 시작했어요.

"아유, 행색을 보아하니 며칠 굶었구먼. 그래도 양반 체면에 도둑질이 웬 말이람."

세로는 억울하고 창피해서 얼굴이 붉게 달아올랐어요.

"그 손 놓지 못하는가!"

구세주처럼 나타난 마강해가 떡장수를 세로에게서 떼어 놓았어요. 놀란 돌쇠도 허겁지겁 뛰어왔죠. 떡장수는 씩씩거리며 세로가 먹은 떡 값을 내놓으라고 소리쳤어요. 돌쇠와 마강해는 세로의 입에 묻은 떡고물을 빤히 쳐다보았어요.

"아니, 아니야. 나는 그냥 떡고물만……."

"떡 값 내면 되잖유! 떡 값이 얼마여유? 얼마냐구유!"

돌쇠가 떡장수에게 버럭 화를 내는 게 아니겠어요? 돌쇠마저 자신을 도둑으로 알다니, 세로는 어이가 없었어요. 떡장수는 떨떠름한 얼굴로 엽전을 받으며 혀를 끌끌 찼어요.

"쯧쯧! 저런 손버릇 고약한 주인 모시다니, 고생깨나 하겠소. 떡 값은 받았으니 없던 일로 하리다."

잠시 뒤, 세로 일행은 장터를 빠져나와 고개 너머에 자리를 잡았어요. 돌쇠는 서둘러 솥을 걸고 밥 지을 준비를 했어요.

"서방님, 배 많이 고프시쥬? 속히 밥 지어 드릴 테니 쪼매만 기둘리셔유. 광목천 팔아서 쌀 사 왔응께요."

그 말에 세로가 폭발하고 말았어요.

"너까지 나를 안 믿느냐? 나는 결코 떡을 먹지 않았다니까!"

바로 그때, 숲을 살피러 갔던 마강해가 어깨에 커다란 멧돼지를 이고 나타났어요. 세로는 입을 쩍 벌린 채 눈을 떼지 못했죠.

"아니, 자네 지금…… 멧돼지를 사냥한 것인가?"

"나리께서 고기가 드시고 싶다기에 잡아 왔습니다. 그리고……, 이리 나오너라."

마강해가 숲을 향해 소리치자, 사내아이 둘이 나타났어요.

"우리를 따라온 모양입니다. 나리께 드릴 말씀이 있답니다."

어쩐지 두 아이는 낯이 익었어요.

"너희 둘, 아까 떡 좌판을 기웃거리던 놈들 아니냐?"

세로의 말이 떨어지기 무섭게 큰 아이가 무릎을 꿇었어요.

"용서하세요. 제 동생이 너무 배가 고프다고 해서 제가 떡을 훔쳤습니다. 그런데 떡장수가 나리를 도둑으로 몰 줄은 몰랐습니다. 정말 죄송합니다."

아이의 말에 돌쇠와 마강해가 움찔 놀라더니, 천천히 등을 돌렸어요. 세로는 이를 갈며 한동안 두 사람을 쏘아보았어요.

"그래서 용서를 빌려고 나를 뒤따라온 것이냐?"

"예……, 정말 죽을 죄를 지었습니다. 용서해 주십시오."

꾀죄죄한 옷차림이었지만 눈빛이 똘망똘망한 것이 평범한 아이 같지 않았어요.

"네 덕분에 나의 누명이 벗겨졌으니 오히려 내가 고맙구나. 그런데 어찌하여 도둑질을 하게 되었느냐? 행색을 보니 오랫동안 떠돌아다닌 것 같은데."

하지만 두 아이는 세로의 말을 듣고 있지 않았어요. 지글거리며 익고 있는 멧돼지 고기에 정신이 팔려 있었거든요. 세로는 안쓰러

운 표정으로 말했어요.

"오늘은 먹을 것이 넘쳐나니 너희도 함께 먹자꾸나."

순간 두 아이의 표정이 달처럼 환해졌어요. 밥을 짓는 동안 세로는 첫째인 용이가 열세 살, 둘째 헌이는 여섯 살이라는 걸 알았어요. 하지만 부모님은 어디 계시며, 왜 떠돌아다니는지는 알 수 없었어요. 용이가 얼버무리며 대답을 피했거든요.

'무슨 사연이기에 숨기는 것일까?'

밥과 고기가 익자, 세로 일행과 아이들은 말 한마디 없이 깨끗이 먹어 치웠어요.

"서방님, 오늘처럼만 먹으면 노숙을 해도 천국이겠어유."

돌쇠와 마강해는 만족스런 얼굴로 배를 두드렸어요. 세로도 마찬가지였죠. 하지만 모닥불 앞에서 잠든 용이와 헌이를 보자 깊은 한숨이 새어 나왔어요.

"아까 장터 일 때문에 아직도 속이 상하셔유?"

세로의 눈치를 살피던 돌쇠가 조심스레 말을 꺼냈어요.

"오늘 장터에서 보니 구걸하는 이들이 참 많더구나. 백성들이 이토록 힘들게 사는 줄도 모르고, 편히 지내 온 내가 부끄러워서 그런다……."

세로의 말에 돌쇠와 마강해의 얼굴에도 그늘이 서렸어요.

# 역사 속 암행어사는 누가 있을까?

우리나라 역사 속 유명한 인물 중에도 암행어사 출신이 많습니다. '암행어사' 하면 떠오르는 박문수, 성리학의 대가 이황, 조선 최고의 실학자 정약용, 추사체로 이름을 떨친 김정희 등이 암행어사로 활약한 인물들이지요.

## 박문수

1727년(영조 3) 영남과 호남 지방에 극심한 흉년이 들자, 영조는 암행어사를 파견하기로 했습니다. 하지만 박문수의 나이가 젊고 수령을 해 본 경험이 없어서 영조가 결정을 고민하자, 좌의정 조태억은 "박문수는 현실 문제에 두루 해결 능력이 있고, 백성을 잘 이해하는 인물이다."고 거듭 추천하여 어사로 발탁되었어요.

박문수는 어려운 백성을 가까이서 보살폈을 뿐 아니라 잘못된 제도를 고치기 위해서도 최선을 다했어요. 신분의 구분 없이 가호(집)를 기준으로 군포를 똑같이 걷자는 의견을 냈는데, 그의 주장을 기반으로 균역법(영조 때 군포 두 필을 한 필로 줄인 제도)이 만들어질 수 있었답니다.

또한 호조 판서로 있던 1749년에는 불필요한 국가 경비를 줄이는 방법을 연구해 《탁지정례》를 펴냈고, 이어 국혼을 검소하게 치르기 위해 혼례에 대한 규정을 정리한 《국혼정례》를 간행했습니다.

## 정약용

정약용은 1789년(정조 13) 과거에 급제하고, 1794년 경기도 암행어사가 되었어요. 백성에게 지나친 세금을 거두고 뇌물을 받은 탐관오리들을 왕에게 보고하여 처벌받도록 했으며, 암행 활동을 마치고 돌아와 다음과 같이 보고했습니다.

"전 연천 현감 김양직은 마음대로 환곡을 나누어 주고 재결(자연재해를 입은 논밭)을 도둑질해 먹었으니, 그 죄를 조사토록 해야 합니다. 아울러 전 삭녕 군수 강명길은 화전에 지나치게 세를 물리고 향임(지방 수령을 보좌하던 자문 기관의 관리)들에게 뇌물을 받았습니다. 비록 다른 곳으로 옮겨서 일하고 있으나 죄를 내리지 않을 수 없습니다."

이후 그는 동부승지, 병조참의 등 여러 관직을 거친 뒤 1801년 신유박해로 전남 강진에서 19년 동안이나 귀양살이를 했는데,《목민심서》,《경세유표》,《흠흠신서》등이 이때 지은 책들입니다.

## 김정희

우리나라의 최고 명필로 유명한 추사 김정희도 암행어사였어요. 그는 1819년 문과에 급제하고, 순조 26년(1826) 봄에 충청우도 암행어사로 임명되어 감찰 활동을 마치고 돌아와 수령들의 불법 행위 등을 보고했습니다. 또한 그는 군정, 전정 및 환곡의 폐해, 안면도의 송정과 안흥굴포의 어염세 및 선세 등의 폐단 등을 왕에게 알려 적합한 대책을 세워 줄 것도 건의했답니다.

# 세로, 암행어사임을 들키다

"으으으, 추워······."

세로는 새벽 한기에 몸을 부르르 떨며 일어났어요. 장작불이 꺼져 있었지요. 세로는 다른 사람들이 깨지 않도록 조심스럽게 불을 피웠어요. 나뭇가지가 타닥타닥 소리를 내며 타오르자 용이가 눈을 떴어요.

"잘 잤느냐?"

용이는 벌떡 일어나 두 손을 모으고 인사를 했어요.

"선비님도 잘 주무셨습니까?"

용이의 깍듯한 인사에 세로가 흐뭇한 미소를 지었어요. 몸가짐이나 말투를 보면 예절 교육을 받은 게 분명했어요.

"용이야, 이제 네 이야기를 해 보아라. 원래 살던 곳은 어디이며, 부모님은 무얼 하시던 분이더냐?"

잠시 멈칫하던 용이는 대답대신 큰절을 했어요.

"아니, 갑자기 웬 절이냐!"

용이는 바닥에 엎드려 머리를 조아리며 말했어요.

"선비님. 아니, 암행어사 나리! 부디 저의 억울한 사연을 들어주십시오."

세로는 너무 놀라 숨이 턱 막혔어요. 이런 어린아이에게 암행어사 신분을 들키다니요. 그때 뒤에서 나지막한 목소리가 들렸지요.

"나리."

뒤를 돌아보니 마강해가 세로를 보고 있었어요. '이 아이를 어떻게 할까요?' 눈빛으로 묻고 있었죠. 세로는 손을 들어 마강해를 저지한 뒤, 용이를 향해 바보 같은 웃음을 지어 보였어요.

"허허허! 꿈을 꾸었느냐? 난 과거에 낙방하여 고향으로 돌아가는 가난한 선비란다. 장터에서 침 흘리며 떡고물을 먹던 내가 암행어사라니……."

하지만 용이는 확신에 찬 목소리로 말했어요.

"어제 나리가 떡장수에게 멱살을 잡히셨을 때 보았습니다. 도포 자락 안쪽에 깊숙이 숨겨 놓으신 마패를요. 그리고 낡은 도포 안에 입으신 속적삼이 비단으로 지어진 것도요. 신분을 숨기려는 뜻이 아니고서야 어찌 그리 하겠습니까?"

용이의 대답에 세로는 대꾸할 말이 없었어요. 역시 총명한 아이구나 싶었지요.

"그래……, 네 말이 맞다. 나는 임금님의 명을 받아 암행을 나온 암행어사란다. 혹시 다른 사람들에게 이 사실을 말하였느냐?"

"아닙니다. 제 동생도 알지 못합니다."

세로는 안도의 한숨을 쉬었어요.

"다행이다. 그럼 내가 암행어사인 줄 알고 여기까지 따라온 것이더냐?"

"예, 그렇습니다."

"그렇다면 너의 억울한 사연을 말해 보아라."

용이는 고개를 들고 담담히 사연을 털어놓았어요.

"제 고향은 평안남도 대흥군입니다. 아버지는 관아의 행정을 담당하는 호방이셨는데, 누구보다 백성을 아끼는 분이셨습니다. 흉년으로 힘들어하는 백성들을 위해 세금을 거둘 때는 최대한 사정을 봐주었고, 구휼미를 나누어 줄 때면 한 사람도 빠지지 않게 신경을 썼습니다. 고을 백성들을 살뜰히 보살핀 덕분에 사람들은 어려운 일이 있으면 가장 먼저 아버지께 도움을 청하곤 했습니다."

세로는 고개를 끄덕였어요. 그런 아버지 밑에서 자랐기에 용이도 예의바르고 똘똘한 것이었어요.

"계속 말해 보아라."

"그런데 이 년 전 새로운 사또가 부임한 뒤로 아버지는 무척 힘들어하셨습니다. 사또가 구휼미를 빼돌려 사사로이 재산을 불리고,

술을 좋아해서 매일같이 기생을 끼고 놀기나 했거든요. 심지어 임금님께서 직접 내려 주신 구휼미 이백 섬까지 빼돌린 뒤, 아버지께 은밀히 명을 내렸습니다. 구휼미에 돌과 쭉정이를 섞어 백성들에게 나누어 주라고요. 아버지는 그래서는 안 된다고 직언을 했다가 사또에게 미움을 샀습니다."

세로는 큰 충격을 받았어요. 임금님께서는 사또가 아닌 아전들이 구휼미를 빼돌린 것으로 알고 계셨으니까요.

"사또에게 직언을 했다가 미움을 샀다, 그래서?"

감정이 복받쳐 오르는지 용이는 잠시 숨을 몰아쉬었어요.

"마을 사람들의 원성이 높아지자 조정에 보고가 올라갔습니다. 그리고 조사를 하러 관찰사가 내려왔는데……, 사또는 구휼미를 관리하던 제 아버지가 일을 꾸민 것처럼 장부를 조작했습니다. 누명을 쓴 아버지는 결국……, 흑흑!"

용이는 어깨를 들썩이며 목 놓아 울기 시작했어요.

"아……아버지는 참형에 처해졌습니다. 엉엉엉! 그 충격에 어머니는 시름시름 앓다가…… 돌아가셨고요."

용이의 서러운 울음소리에 세로는 눈시울이 붉어졌어요. 어느새 일어나 세로와 용이를 지켜보던 돌쇠도 눈물을 훔쳤지요.

"어린 것이 얼마나 분하고 억울했을꼬. 아이고, 불쌍한 것!"

세로는 문득 궁금해졌어요.

"그런데 부모를 잃은 너희를 거두어 주는 친척이 하나도 없더냐? 어찌하여 어린 너희가 고향을 떠나 낯선 곳을 떠도는 게냐?"

"제 아버지의 누명을 벗기고자 한양으로 가던 길이었습니다."

"뭐라? 어린 너희가 뭘 어쩌려고!"

"임금님께 제 아버지의 무죄를 입증할 증거를 보여 드리려 했습니다."

당돌한 용이의 말에 모두 눈이 휘둥그레졌어요.

"그 증거라는 것이 도대체 무엇이더냐?"

용이는 옷을 벗더니 저고리 안쪽을 북 찢었어요. 그러자 저고리 안에서 작은 서책이 나왔어요.

"어머니가 돌아가시면서 제게 주신 것입니다. 사또가 빼돌린 세금과 구휼미를 자세히 기록해 둔 비밀 장부라고 하셨습니다. 사또는 아버지를 옥에 가두고 저희 집을 이 잡듯 뒤졌습니다. 하지만 끝내 장부를 찾지 못했습니다."

세로는 장부를 살펴보았어요. 사또가 저지른 온갖 비리와 악행이 낱낱이 기록되어 있었어요.

"왜 관찰사에게 이것을 전달하지 않았느냐? 네 아비의 누명을 벗길 수 있었을 텐데."

"관찰사는 이미 사또의 편이었습니다. 몇몇 아전이 아버지의 결백을 고하였지만, 관찰사는 오히려 그들을 벌하였습니다. 나중에 알고 보니 관찰사는 사또에게 어마어마한 뇌물을 받고 매수되어 있었습니다."

세로는 가슴이 철렁 내려앉았어요.

"관찰사가 사또와 한통속이었다는 말이냐? 그것도 모자라 임금님께 거짓 보고까지 올렸고?"

"네, 그렇습니다. 하여 제가 직접 한양으로 가서 임금님을 뵈려 했던 것입니다."

이 말이 사실이라면 사또뿐 아니라 관찰사도 엄청난 죄를 저지른 것이었어요. 세로는 지금껏 볼 수 없었던 결연한 표정을 지으며 자리를 박차고 일어섰어요.

"어서 짐을 꾸려라. 지금 출발해야겠다!"

# 조선 시대의 통치 체제는 어땠을까?

중앙 집권 국가였던 조선은 지방을 8개의 도로 나누고, 지방 관리의 권력이 강해지는 것을 막기 위해 각 지역에 왕이 승인한 관찰사를 파견하고, 관찰사 아래에는 수령을 두어 나라를 다스렸습니다.

왕은 나라를 다스리는 최고 권력자예요. 중앙 집권 국가였던 조선에서는 왕이 임명한 지방관이 백성을 돌보았습니다.

관할 지역의 수령을 지휘·감독하였으며, 각 도의 행정을 담당했습니다.

수령은 모든 군현에 파견되었으며, 행정·사법·군사권을 행사했습니다.

## 🔴 수령은 벼슬 중에서도 가장 중요한 자리

수령은 백성과 가장 가까운 관리로, 수많은 벼슬 중에서도 가장 어렵고 책임이 무겁습니다. 수령을 부르는 또 다른 말은 목민관인데, 목민은 '백성을 기른다'는 뜻입니다. 각 고을을 대표하는 수령은 행정 및 사법, 군사까지 모든 분야를 책임졌습니다. 특히 세금을 거두고 그것을 중앙(한양)으로 보내는 일은 수령의 가장 중요한 임무였습니다.

## 🔴 목민관이 지켜야 할 자세

수령은 단순히 백성을 다스리는 것이 아니라 어버이가 자식을 키우듯 정성을 기울여야 했어요. 그러기 위해 백성들에게 폐를 끼치지 말고, 나라에서 주는 돈이 아니면 백성들 돈을 한 푼도 받지 말도록 했습니다. 특히 수령은 아랫사람인 아전들을 잘 다스려야 했는데, 수령 몰래 아전들이 백성을 괴롭히는 경우가 있었기 때문이에요. 학문이 제아무리 뛰어난 수령이라도 아전을 단속하지 못하면 백성을 잘 다스릴 수 없었으니, 수령 스스로 바른 행동거지로 모범을 보여야 했습니다.

---

### 수령이 가장 힘써야 할 임무 – 수령7사

❶ 농상성(農桑盛) : 농사를 일으켜 백성들 생활을 안정시키도록 하라
❷ 간활식(奸猾息) : 간사하고 교활한 향리를 없애도록 하라
❸ 사송간(詞訟簡) : 소송에 있어서 그 심의와 판결을 간편·신속하게 하라
❹ 부역균(賦役均) : 백성들의 부역을 공평하게 나누도록 하라
❺ 호구증(戶口增) : 백성의 수를 늘리도록 하라
❻ 학교흥(學校興) : 교육이 잘 이루어지도록 하라
❼ 군정수(軍政修) : 군사와 군포를 바로 매기도록 하라

# 암행어사 출두야!

사흘 뒤, 용이의 고향에 도착한 세로는 두 아이를 산속의 절에 머물게 하고, 고을의 사정을 살펴보기로 했어요. 그러자 용이가 겁먹은 얼굴로 말했어요.

"나리, 조심하세요. 관찰사의 조사가 있고 난 뒤로 사또는 마을에 나타나는 낯선 사람을 부쩍 경계하기 시작했습니다. 특히 양반으로 보이는 사람은 포졸을 붙여 감시하거나 마을 밖으로 쫓아내기까지 했어요."

"어허! 암행어사를 괴롭히는 수령들이 있다더니……."

그때 돌쇠가 한 가지 꾀를 내었어요.

"서방님, 저한테 좋은 생각이 있구만유."

돌쇠의 이야기를 들은 세로는 처음엔 펄쩍 뛰었지만, 곰곰이 생각해 보니 꽤 훌륭한 제안이구나 싶었어요. 덕분에 세로와 돌쇠는 아무런 의심 없이 고을에 들어갈 수 있었지요.

"한 푼만 줍쇼."

더러운 옷에 땟물이 줄줄 흐르는 얼굴, 봉두난발을 하고 구걸하는 세로와 돌쇠는 영락없는 거지였어요. 포졸들도 얼굴을 찡그릴 뿐, 전혀 신경 쓰지 않았지요.

"다들 못 먹어서 그런지, 얼굴이 누렇게 떴구나……."

"그러게 말여유. 얼마나 굶었으면 휘청휘청 걷는 모양새가 기운이라고는 찾아볼 수가 없네유."

용이네 마을은 다른 곳보다 상황이 훨씬 나빴어요.

"흉년이 얼마나 심한지 동네 가까이 있는 소나무가 성한 게 없어유. 모조리 껍질이 벗겨져 있네유."

백성들을 힘들게 하는 것은 굶주림만이 아니었어요. 젖먹이와 죽은 사람까지 군포를 물리고, 땅이 없는 백성에게 세금을 거두는가 하면, 재판에서 뇌물을 받고 멋대로 판결을 내린 일도 부지기수였어요. 심지어 죄 없는 자를 옥에 가둔 뒤 돈을 받고 풀어 주기까지 했다니, 그야말로 온갖 폭정과 비리를 저지르고 있었지요. 고을의 사정을 속속들이 파악한 세로는 속에서 천불이 올라왔어요.
　"백성들의 고혈을 빨아먹는 것도 모자라 임금까지 속이다니, 가만둘 수 없다!"
　그 순간 향긋한 분내가 코끝을 스쳤어요. 화려한 옷과 장신구로 한껏 멋을 부린 십여 명의 기생이 세로 옆을 지나고 있었지요. 돌쇠는 기생들의 고운 자태에 입을 다물지 못했어요.
　"세상에, 세상에……. 꽃이 안 부럽네!"
　세로도 한참 동안 기생들에게 눈을 떼지 못했어요.
　"에구구, 오늘도 관아에서 잔치를 벌이나 보네."
　"그러게 말이여. 사람들은 굶기를 밥 먹듯 하는데, 사또란 작자는 양반들과 모여 매일 산해진미로 잔치를 벌이니……. 귀신은 뭘 하나, 저런 놈들이나 잡아갈 것이지!"

구휼미를 받으려고 새벽부터 줄을 선 사람들이 한마디씩 했어요.

기생들이 관아로 들어가고, 맛있는 음식 냄새와 함께 풍악 소리가 울려 퍼졌어요. 관아 밖에서는 굶주린 사람들의 꼬르륵 소리가 가락처럼 울려 퍼졌지요. 하지만 아무리 기다려도 구휼미를 나누어 줄 기미는 보이지 않았어요. 기다림에 지친 세로가 관아로 들어가려고 하자, 문을 지키던 포졸들이 막아섰어요.

"이놈! 감히 어디를 들어가려는 게야?"

그러자 세로가 서슬 퍼런 목소리로 외쳤어요.

"구휼미를 받으려고 줄을 선 사람들이 안 보이시오? 백성을 보살펴야 할 수령이 구휼미는 안 나누어 주고 잔치를 벌이다니! 게다가 지금은 근무 시간이거늘, 한 고을을 책임지는 사또가 이래서야 되겠소?"

세로의 말에 포졸뿐 아니라 줄을 서 있던 마을 사람들 얼굴도 하얗게 질렸어요. 세로의 목소리는 담장을 넘어 마당에서 술판을 벌이던 사또의 귀에도 들어갔어요.

"어떤 놈이냐? 당장 이리 끌고 오너라!"

사또는 길길이 날뛰며 소리쳤어요.

포졸들이 세로에게 달려들자, 돌쇠는 발을 동동 굴렸어요.

"서방님, 어쩌시려고 이런대유! 어서 도망치셔유!"

"돌쇠야, 당장 마강해를 찾아라! 그리고 근방의 역졸들을 모아 나를 구하러 오너라."

세로는 사또 앞으로 끌려갔어요. 사또와 고을의 양반들은 기생들을 끼고 거나한 술판을 벌이고 있었어요. 피골이 상접한 백성들과 달리 사또와 양반들은 피둥피둥 살이 오르고 얼굴에는 기름이 자르르 흘렀지요. 그 모습을 보니 세로는 피가 거꾸로 솟는 것 같았어요.

"거렁뱅이 주제에 감히 사또인 나를 능멸해?"

세로를 아래위로 훑어보던 사또가 기가 차다는 듯 웃었어요. 그리고 칼을 집어 들더니 세로를 향해 겨누었죠.

"네 놈의 목을 저잣거리에 걸어 놓을 것이다. 나를 능멸하면 어떻게 되는지 모두에게 똑똑히 보여 줘야지."

하지만 세로는 눈 하나 꿈쩍하지 않았어요.

"수령의 잘못을 지적했을 뿐인데 그것을 능멸이라 하다니, 능멸의 뜻이 뭔지 알고는 계시오?"

사또는 얼굴이 붉으락푸르락해지더니 성큼성큼 걸어와 칼을 높이 쳐들었어요.

"뚫린 입이라고 잘도 지껄이는구나! 그 입을 놀리는 것도 마지막이다, 이놈!"

칼날이 세로를 향해 오던 찰나, '챙!' 소리와 함께 사또의 손에 있는 칼이 멀리 날아갔어요. 그리고 세로 앞에 커다란 그림자가 나타났지요. 바로 마강해였어요.

"나리, 괜찮으십니까?"

마강해는 무서운 얼굴로 사또를 노려보며 나지막이 말했어요. 세로는 정신이 혼미하고 다리가 후들거렸지만 이를 악물고 버텼어요.

"감히 사또에게 칼을 들고 덤벼? 너희 둘 모두 능지처참당할 줄 알아라! 저놈들을 붙잡아라! 끝까지 반항하면 죽여도 좋다."

수십 명의 포졸들이 마강해와 세로를 에워쌌어요. 살기 가득한 눈으로 두 사람을 노려보았지요. 마강해는 온몸을 긴장시키며 세로 앞에 우뚝 섰어요.

"나리, 제 뒤에 꼭 붙어 계십시오."

"괜……찮겠나?"

그 순간 칼과 창을 든 포졸들이 함성을 지르며 한꺼번에 달려들었어요. 마강해는 신기에 가까운 무술 실력으로 수십 명의 포졸들과 맞서 싸웠어요. 화가 난 사또는 급기야 활 쏘는 궁수까지 불러들였지요. 천하의 마강해라 해도 날아드는 화살을 막아 낼 수는 없을 터였어요.

"암행어사 출두요!"

돌쇠와 수십 명의 역졸이 관아로 들이닥쳤어요. 놀란 아전과 포졸들은 넋이 나가 담을 넘어 도망치고, 양반과 기생 들은 허둥지둥 상 밑으로 몸을 숨겼지요. 아전들은 엉덩이에 불이 붙은 송아지마냥 이리 뛰고 저리 뛰고 정신이 없었어요. 하지만 모두 역졸들에게 붙잡히고 말았지요. 마지막으로 광에 숨어 있던 사또가 끌려 오자, 도헌 위에 앉아 있던 세로가 천둥 같은 목소리로 호통을 쳤어요.

"네 죄를 알렷다! 백성들의 생활을 안정시켜야 할 사또가 오히려 백성을 괴롭히고 수탈할 죄, 관아의 재산을 사사로이 쓰고, 그것도 모자라 전하께서 친히 내리신 구휼미 이백 섬을 빼돌린 뒤 호방에게 죄를 뒤집어씌운 죄!"

호방 이야기에 사또는 흠칫 놀랐어요. 하지만 곧 비굴한 표정을 지으며 변명을 늘어놓았지요.

"뭐……뭔가 오해가 있나 봅니다. 잔치는 이 지역 사대부들과 친목을 쌓으려고……, 그러니까 그분들이 저를 위해 열어 준 것입

니다. 그리고 호방이 구휼미를 빼돌린 일은 이미 관찰사가 명명백백하게 밝혀낸 일인데, 어찌 제게 그런 모함을 하십니까!"

사또가 끝까지 발뺌을 하자, 세로는 용이가 준 비밀 장부를 내밀었어요. 장부를 본 사또의 얼굴이 새파랗게 질렸어요.

그 길로 세로는 관아의 모든 문서와 창고를 조사하고, 감옥의 죄인들을 심문해 사또의 비리를 낱낱이 파헤쳤어요. 비밀 장부에 적힌 내용 말고도 사또의 부정은 끝이 없었지요.

"너는 높은 이율로 돈을 빌려준 사대부와 결탁하여 돈을 갚지 못하는 백성을 무서운 형벌로 다스렸다! 심지어 규격보다 훨씬 크고 단단한 형구를 사용해 매를 견디지 못한 백성이 스스로 재산을 포기하고 노비가 되게끔 하였다! 그때마다 사대부에게서 뇌물을 받아 챙겼고! 내 말이 틀렸느냐!"

세로가 임금님께 받은 유척으로 조사해 보니 형구들이 규격보다 크고, 매에는 짐승의 힘줄을 덧붙여 사용하고 있었어요. 죄인에게 심한 고통을 주기 위해서이지요. 뿐만 아니라 세금을 거두

는 되도 규격보다 컸는데, 이는 세금을 더 많이 거두려고 잔꾀를 부린 것이었어요.

사또는 더 이상 변명을 하지 못하고 도헌 아래에 납작 엎드려 바들바들 떨었어요. 세로는 크게 심호흡을 한 뒤, 단호한 목소리로 말했어요.

"너는 사또로서 하지 말아야 할 죄를 너무 많이 저질렀다! 이에 봉고파직을 명하노니, 이 사실을 임금께 여쭈어 처단이 있을 때까지 옥에 가두겠다."

암행어사 이세로의 명령이 떨어지자 역졸들이 사또에게 큰 칼을 씌워 감옥으로 끌고 갔어요. 이제 아전과 양반 들을 벌줄 차례였어요.

"백성에게 해를 끼친 간사하고 교활한 아전들도 지금 당장 파직시켜 옥에 가둘 것이다. 수령을 제대로 보필하지 못한 죄가 결코 가볍지 않다. 또한 높은 이율로 돈을 빌려주고 백성들을 괴롭힌 양반들 역시 감옥에 가두고 재산을 몰수한다!"

세로의 명령이 떨어지자, 관아 앞에 몰려 있던 마을 사람들이 함성을 지르며 기뻐했어요.

"만세! 만세! 암행어사 나리 만세!"

"암행어사 나리! 감사합니다! 감사합니다."

세로는 새로운 사또가 도착하기 전까지 고을에 머물며 가난하고 병든 백성들을 돌보았어요.

이윽고 마을을 떠나는 날, 동구 밖에 도착한 세로는 한참 동안 고을을 내려다보며 그동안 처리한 일들을 하나씩 되뇌었어요. 그때 누군가 뛰어와 세로 앞에 넙죽 큰절을 올리는 게 아니겠어요?

"이게 누구냐? 너희 용이와 헌이구나. 이렇듯 멀끔히 차려입으니 인물이 훤하구나!"

용이와 헌이는 누가 보아도 귀한 도련님처럼 보였어요. 세로 일행은 두 아이를 흐뭇하게 바라보았지요.

"나리! 아버지의 억울한 누명을 벗겨 주셔서 정말 감사합니다. 이 은혜…… 평생 잊지 않겠습니다."

용이가 눈물을 흘리며 말했어요.

"아니다. 네 아버지의 누명을 벗긴 일은 너의 공이 크단다. 용이 네 덕분에 사또의 비리를 조목조목 알 수 있었으니, 내가 더 고맙지."

세로는 용이의 손을 힘주어 잡았어요. 그리고 눈시울을 훔치며 아쉬운 이별을 했어요.

# 조선 시대의 세금 제도는 어땠을까?

조선 시대의 세금 제도로는 땅에 매기는 토지세, 지역의 특산물을 거두는 공납, 군대를 가거나 나라의 공공사업에 나가 일하는 군역이 있습니다. 환곡은 곡식을 저장했다가 백성들에게 봄에 꾸어 주고 가을에 이자를 붙여 거두던 제도를 말합니다.

## 토지세

땅의 면적을 기준으로 거두었어요. 대부분 쌀로 냈는데, 경우에 따라 옷감 등으로 대체하기도 했습니다. 작황에 따라 내는 세금이 달라졌으며, 땅이 늘어나면 내는 세금도 많아졌어요. 나라에서는 20년에 한 번씩 땅의 크기와 사용에 대한 조사를 실시했습니다.

## 군역

16~60세의 양민(조선 시대에, 양반과 천민의 중간 신분이던 백성) 남자가 군대를 가거나 공공사업에 나가 일하는 것을 말합니다. 나라에서는 점차 군역 대신 베, 즉 군포를 받아 갔는데, 군포의 부담이 커지자 영조는 두 필씩 받던 베를 한 필로 줄였어요. 19세기에는 군역의 대상자를 농민에서 양반까지 확대하여 양반들의 반발을 사기도 했습니다.

## 공납

　백성이 그 지방에서 나는 특산물을 조정에 바치던 일을 말합니다. 왕실이나 중앙 관청에서 필요한 농산물·수산물·특산품 등을 공물로 지정했으며, 각 지역마다 내는 물품과 양이 달랐어요. 지방별로 살펴보면 충청도·전라도·경상도의 면포, 황해도의 철물, 함경도·평안도의 짐승 가죽, 강원도의 목재, 단천의 은, 전주·남원의 종이, 임천·한산의 모시, 안동의 돗자리, 강계의 인삼, 제주도의 말 등이 유명했습니다.

## 환곡

　조선 시대, 나라에서는 봄에 백성들에게 곡식을 꾸어 주고 가을에 이자를 쳐서 돌려받는 환곡 제도를 실시했어요. 간혹 나라에서 정한 이자보다 많이 받거나 환곡이 필요치 않은 백성에게 억지로 빌려주는 일이 발생하자 암행어사가 이를 조사했습니다.

### 모든 공물을 쌀로 바치게 한 대동법

조선 시대에 각 지역의 특산물을 바치는 공납 제도는 그 종류가 다양하고, 운송하기도 어려워 백성들에게는 큰 부담이었어요.
하여 광해군이 즉위하던 해(1608년)에 경기 지역부터 특산물 대신 토지 1결당 대동미(쌀) 12말로 통일해 공납을 거두는 대동법을 실시하였습니다. 공물 대신 거둔 쌀로 중앙 및 지방의 국가 기관이 필요한 물자를 구입하여 사용했지요.
그 뒤 대동법은 각 지방에 점차 확대·적용되었는데, 경기·강원·충청·전라·경상·황해의 6도에 완전히 실시되기까지 100년이라는 긴 시간이 걸렸습니다.

# 흙투성이 사또를 만나다

한양으로 떠나는 세로의 발걸음은 날아갈 듯 가벼웠어요. 임금님이 명하신 일도 잘 해결했고, 무엇보다 아내 진서를 만날 생각에 구름 위를 걷는 기분이었지요. 콧노래를 흥얼거리며 걷는데, 돌쇠가 걱정스런 목소리로 물었어요.

"서방님, 오늘부터 어디서 잔대유? 식사는 어찌 할까유?"

돌쇠는 텅 빈 곡식 주머니를 내밀었어요.

"어떻게든 되겠지. 정 안 되면 고을에 가서 구걸이라도 하자."

노잣돈으로 쓸 곡식과 돈이 다 떨어졌지만 세로는 별일 아니라는 듯 대답했어요.

"예에?"

돌쇠의 반응에 세로는 웃기만 할 뿐이었어요.

"그런데 말이다. 이곳은 다른 마을보다 농사가 잘되고 있구나."

"날이 가물어 비가 많이 안 왔다는디……, 희한하게 벼들이 싱싱허네유."

세로 일행은 오랜만에 보는 광경에 기분이 좋아졌어요.

"이 고을 관아에 군관인 친구가 있습니다. 그 친구에게 노잣돈을 부탁해 보겠습니다."

"살았구만유! 아까 서방님이 구걸하자 하셨을 때 진짜 앞이 캄캄했는디!"

세 사람은 곧장 관아로 갔어요. 그런데 어쩐 일인지 문을 지키는 포졸만 있을 뿐, 관아는 텅 비어 있었어요.

"왜 이리 썰렁하대유?"

포졸들은 세로 일행이 다가오는 것도 모르고 수다를 떨고 있었

어요.

"당번이기에 망정이지, 오늘도 저수지에 끌려갈 뻔했어."

"그러게 말이야. 사또 때문에 이게 무슨 고생이람."

포졸들의 대화를 들은 세로 일행은 이상한 생각이 들었어요.

"관아가 텅 빈 이유가 사또 때문이라니……, 무슨 뜻일까?"

"뻔하쥬. 사또가 일은 안 하고 저수지에 유유자적 배 띄워 놓고 기생들 낀 채 논다는 거겠쥬."

돌쇠가 입을 삐죽이며 말했어요.

하지만 저수지에 도착한 세로 일행은 뜻밖의 광경에 깜짝 놀라고 말았어요. 수십 명의 포졸들이 저수지를 보수하고 있었거든요. 한쪽에서는 마을 아낙들이 새참을 차리고 있고요.

"출출한데 새참 들고 하세요."

"아이고, 마침 배가 고프던 참인데!"

하나둘 새참을 먹으러 모여드는데, 나이 지긋한 한 사람만 계속 일을 하고 있었어요. 마을 사람 두어 명이 그쪽으로 다가갔어요.

"사또 나리! 이러시다 병나십니다. 쉬엄쉬엄 하셔요."

세로는 화들짝 놀랐어요. 온몸이 흙투성이인 그 사람이 사또라니요!

사람들의 권유에 못 이긴 사또는 막걸리 한 잔을 시원하게 들이키고는 다시 곡괭이를 잡았어요. 그 모습을 본 마을 사람들은 안절부절못했지요.

"아이고, 좀 쉬었다 하시지……."

그 말에 사또가 장난기 가득한 얼굴로 말했어요.

"자네들도 그만 놀고 논에 가서 일들 하게. 그래야 꼬박꼬박 세금을 낼 것 아닌가! 저수지 고친 값도 덤으로 쳐서 받을 테니 각오들 하라고, 하하하!"

세로는 한쪽에서 쉬고 있는 마을 사람들에게 다가갔어요. 사또라 불린 사내가 진짜 사또인지, 또 사또가 맞다면 왜 양반 체면에 저런 노동을 하는지도 물었어요.

"며칠 전 저수지가 무너졌지 뭡니까. 빨리 보수를 해야 하는데,

잡초 뽑고 물 대느라 한창 바빠서 손을 못 쓰고 있었습죠. 그런데 사또께서 저수지를 제대로 만들지 못한 본인 탓도 크다시며 관아 사람들을 데리고 공사를 시작하셨습니다. 덕분에 저희는 농사에만 전념하고 있습지요."

"저수지를 사또가 만들었소?"

"예. 몇 년 동안 흉년이 들어 고생했는데, 저수지를 만든 뒤부터 살 만해졌습죠. 올해 작황이 좋으면 몇 년간 빚진 구휼미를 갚을 수 있다고 다들 신이 나 있습니다."

그는 나라에서 빌려준 곡식을 몇 년 동안 갚지 못해도 사또가 너그러이 사정을 봐주었다며, 사또야말로 하늘이 내려 주신 분이라고 칭송했어요.

"이런 사또가 있다니!"

세로는 깊은 감명을 받았어요. 날이 어둑해지고 일을 마친 사또와 포졸들이 관아로 돌아갔어요. 세로는 사또 일행을 따라가 아전에게 슬쩍 암행어사 마패를 보여 주었어요. 눈이 휘둥그레진 아전은 세로를 사또에게 데려갔지요. 사또는 당황하는 기색 없이 세로를 맞았어요.

"밥때가 되었으니 식사부터 하시지요. 저는 하던 일을 마무리하고 문서를 챙겨 보내겠습니다."

잠시 뒤 소박한 밥상이 세로 앞에 놓였어요. 돌쇠는 고기 반찬이 없는 밥상에 실망이 이만저만이 아니었어요.

"명색이 암행어사인데 상다리가 부러지도록 차려 내야 하는 것 아닌감유? 이건 너무하잖아유."

"잔말 말고 먹기나 해라."

식사를 마치고 세로는 사또가 보내 온 문서들을 살펴보았어요. 세금이 걷힌 내역도 꼼꼼히 기록되어 있고, 창고의 물건도 비는 것 하나 없이 문서에 적힌 그대로였어요.

"무엇 하나 흠잡을 데가 없구나. 정말 철두철미한 분이야."

그때 돌쇠가 다가와 속삭였어요.

"아까 마강해랑 최 군관이 허는 이야기를 들었는데유. 가뭄이 심했을 때, 사또께서 하루에 한 끼만 드셨대유. 백성들이 굶기를 밥 먹듯 하는데 어찌 삼시 세끼를 다 먹냐고 하셨다네유."

그날 밤 세로는 차를 마시며 사또와 단둘이 이야기를 나누었어요. 평안도 지역에 가뭄이 심한 까닭에 임금님의 시름이 깊으시다는 말씀을 전했지요. 사또 역시 고개를 끄덕였어요.

"제가 이곳으로 부임할 때 전하께서 이런 말씀을 하셨습니다. '백성이 나라의 근본이고, 백성을 하늘로 알고 섬겨야 한다.'고요. 전하의 마음에 비할 바는 아니지만 지난 몇 년 동안 저 또한 무척 힘들었습니다. 하지만 고을 사람들이 하나로 힘을 합쳐 어려운 시기를 이겨 냈지요. 올해는 풍년이 기대되니 전하께 부디 심려치 마시라 말씀 올려 주십시오."

"여러 암행 지역을 둘러보면서 가슴으로 운 게 한두 번이 아닙니다. 저녁때가 되어도 굴뚝에서 연기가 나지 않는 집이 얼마나 많던지요. 그래도 사또 같은 어진 현감이 계시니 참으로 다행입니다. 전하께서도 기뻐하실 겁니다."

사또와 대화를 나누고 방으로 돌아온 세로는 가슴이 벅차올랐어요. 이처럼 선정을 베푸는 덕망 높은 수령이 있다는 소식을 들으시면 임금님께서 얼마나 흡족해하실까요.

"나리, 형님께서 서찰을 보내셨습니다."

"형님께서 어찌 내 소식을 아셨을고?"

세로는 반가운 마음에 얼른 봉투를 열었어요. 형님은 뒤늦게 세로가 암행어사에 발탁된 소식을 들었다며 집안의 경사라고 기뻐했어요. 그리고 급한 소식이 있어 서찰을 띄운다고 적혀 있었지요. 세로는 편지를 끝까지 읽은 뒤, 온몸이 얼어붙은 듯 움직이지 못했어요. 돌쇠와 마강해가 걱정스러운 표정으로 쳐다보았죠.

"서방님, 왜 그러세유? 집안에 무슨 일이 생겼남유?"

돌쇠의 말에 정신을 차린 세로가 허둥지둥 봇짐을 싸기 시작했어요. 그리고 어리둥절한 표정을 짓고 있는 두 사람에게 환한 미소를 지으며 소리쳤어요.

"내가……, 내가 아버지가 된단다! 진서가 아이를 가졌대!"

"예에? 진짜유? 아이고, 경사났네! 경사났어!"

"나으리, 축하드립니다!"

두 사람은 제 일처럼 기뻐하며 축하 인사를 건넸어요.

"그런데 지금 한양으로 출발하기엔 밤이 너무 늦었습니다."

"암요! 자자, 진정하시고 내일 일찍 출발혀유. 예?"

세로는 돌쇠와 마강해의 만류에 못 이겨 잠자리에 누웠어요. 하지만 콩닥콩닥 가슴이 두근거려 잠을 이룰 수가 없었어요.

'딸일까? 아들일까? 진서를 닮은 딸이면 좋으련만……. 참, 이름은 무엇으로 하지? 아들이면…….'

세로는 태어날 아이를 생각하다 새벽녘이 다 되어서야 잠이 들었어요. 그리고 꿈속에서 세로를 향해 방긋 웃는 아기를 만났지요. 꿈을 꾸는 세로의 얼굴에도 함박웃음이 번졌습니다.

# 조선 시대의 형벌 제도는 어땠을까?

조선 시대에는 죄의 가볍고 무거움에 따라 태형, 장형, 도형, 유형, 사형의 5형이 있었어요. 형구의 규격과 사용 방법, 절차 등 형벌을 집행하는 데 엄격한 원칙이 두었으며, 관리들의 법 집행이 공정한지 감시하기 위해 암행어사를 보내기도 했습니다.

## 너무 엄하게 다스리지 말라

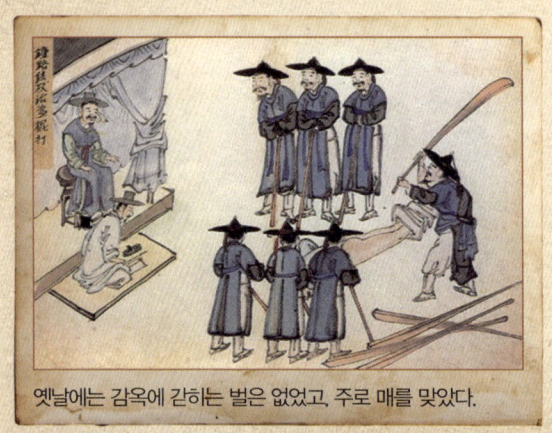

옛날에는 감옥에 갇히는 벌은 없었고, 주로 매를 맞았다.

오늘날은 죄를 지으면 그 벌로 감옥에 갇히지만, 조선 시대에는 주로 매를 맞는 벌을 받았어요. 감옥에는 판결이 날 때까지만 갇혀 있다가, 판결이 나면 바로 형을 집행했지요.

형벌을 집행할 때는 철저한 원칙을 지켰는데, 백성이 억울하게 벌을 받으면 관청에 사정을 이야기하여 풀어 달라고 할 수 있었어요. 또한 수령은 반드시 본인에게 판결문을 내리고 진실을 밝혀서 백성들을 함부로 처벌하지 못하도록 했지요. 수령이 집행할 수 있는 형벌은 가벼운 죄에 대해 매질하는 태형까지였으며, 그 이상은 관찰사의 지시가 있어야만 했어요. 또한 사형은 특별한 경우를 빼고 나라에서 심사를 거쳐 왕이 직접 결정했답니다.

## 🏮 조선 시대의 다섯 가지 형벌

**태형** : 작은 매로 죄인의 볼기를 치는 형벌이에요. 매(회초리)는 나무로 만들고, 규격이 맞는지 검사를 받아야 했어요. 또한 회초리를 오래 쓰거나 죄인에게 고통을 줄 목적으로 짐승의 힘줄이나 아교 같은 물질을 덧붙이지 못하도록 했지요. 죄에 따라 10번, 20번, 30번, 40번, 50번의 5등급이 있었으며, 죄수를 형대에 묶은 다음 하의를 내리고 대수를 세어 가면서 때렸습니다.

**장형** : 큰 회초리로 죄인의 볼기를 치는 형벌이에요. 죄의 가볍고 무거운 정도에 따라 60번, 70번, 80번, 90번, 100번의 5등급이 있었는데, 목숨이 위험할 수 있어서 매의 규격을 엄격하게 지키도록 했지요.

**도형** : 죄인에게 중노동을 시키던 형벌이에요. 염전이나 광산에서 힘든 일을 시키거나 국경의 병졸로 보내기도 했지요. 일 년, 일 년 반, 이 년, 이년 반, 삼 년의 다섯 등급이 있었으며, 이를 감하기 위해서는 징역 일 년에 대해 곤장 육십 대를 치고 한 등급마다 열 대씩 증가시켜 맞도록 했습니다.

**유형** : 죄인을 귀양 보내던 형벌로, 보통 귀양이라고 합니다. 죽을 때까지 유배지에 머무르게 하는 것이 원칙이었으나 감형이나 사면되는 경우도 있었어요. 죄의 가볍고 무거움에 따라 장소의 멀고 가까움이나 주거지의 제한 정도에 차등을 두었습니다. 주로 정치범에게 내려진 벌로, 사형을 면한 이들에게 내려졌어요.

**사형** : 죄인의 목숨을 끊던 형벌이에요. 목을 매는 교형보다 목을 베는 참형이 더 무거운 형벌이었으며, 참형은 '능지처사' 혹은 '능지처참'이라 하여 반역자나 대역죄인의 신체와 목을 모두 베어 분리시키고 땅에 묻지 못하도록 했습니다.

# 암행어사 이야기

이세로의 암행어사 활약이 재미있었나요?

이야기에서 보았듯이 조선 시대에 왕은 지방을 다스리는 관리들이 제대로 일을 하고 있는지 조사하기 위해 암행어사를 파견했어요. 암행어사는 평범한 선비로 행세하면서 몰래 지역의 민심을 살폈답니다.

암행어사 제도는 조선의 숙종 때부터 정조 시대까지 가장 많이 활용되었어요. 그 기간은 조선 시대를 통틀어 가장 민심이 안정되고 왕이 정치를 잘했다는 평가를 듣는 시기이기도 하지요. 암행어사는 조선 말까지 600회 이상 파견되었는데, 이는 한 해에 평균 1.8회 꼴로 파견한 셈이에요. 역사 속 유명한 인물 가운데에는 암행어사 출신이 많아요. 암행어사로 이름을 떨친 박문수, 조선 시대 성리학의 대가인 이황, 《목민심서》를 지은 실학자 정약용, 추사체로 유명한 김정희 모두 한때 암행어사로 활약한 인물들이랍니다.

암행어사의 임무에는 크게 다섯 가지가 있어요. 지방 관리들의 비리를 파헤치고 처벌하거나, 왕의 통치 방침을 전파하고, 상을 내려 지방 관리를 독려하는가 하면, 소송 사건의 처리 및 죄수 실태를 점검하고, 효자와 효녀를 찾아내는 것이었답니다.

암행어사가 이러한 임무를 제대로 해내기는 쉽지 않았어요. 암행 지역이 멀고 이동 수단이 발달해 있지 않아서 목적지까지 가는 데 오랜 시간이 걸렸고, 지방 수령들이 암행어사의 파견 사실을 미리 알아 내 방해 공작을 펴기도 했어요. 수행 길에 쓸 경비도 충분치 않아서 음식 등 필요한 물자를 현지에서 빌리거나 얻어야 했는데, 이 과정에서 암행어사 신분이 밝혀지기도 했지요. 심지어 암행어사 임무 중에 죽기도 하고, 수령의 잘못을 보고했다가 보복을 당하는 경우도 있었답니다.

그래도 힘없는 백성들에게 암행어사란 한 줄기 빛과 같은 존재였어요. 백성의 억울함을 풀어 주고 탐관오리를 가차 없이 처벌해서 백성들에게는 선망의 대상이었지요. 지방 관리나 양반들로부터 피해를 당해도 억울함을 호소할 길이 없었기에, 자신들의 답답함을 해결해 줄 마지막 희망이라고 여겨 출두를 고대하곤 했답니다.

**사진 출처**
36 봉서, 《팔도어사재거사목》_서울대학교 규장각한국학연구원
37 마패_국립중앙박물관
37 유척_국립고궁박물관
52 박문수 초상_문화재청
53 정약용 초상, 김정희 초상_연합뉴스

## 이선비, 암행어사 되다

**펴낸날** 2015년 5월 30일 초판 1쇄, 2025년 2월 15일 초판 7쇄
**글·기획** 세계로 | **동화** 황문숙 | **그림** 최현묵
**펴낸이** 신광수 | **출판사업본부장** 강윤구 | **출판개발실장** 위귀영
**아동인문파트** 김희선, 설예지, 이현지 | **출판디자인팀** 최진아, 박지연 | **저작권** 김마이, 이아람
**출판사업팀** 이용복, 민현기, 우광일, 김선영, 이강원, 신지애, 허성배, 정유, 정슬기, 정재욱, 박세화, 김종민, 정영묵, 전지현
**출판지원파트** 이형배, 이주연, 이우성, 전효정, 장현우
**펴낸곳** (주)미래엔 | **등록** 1950년 11월 1일 제16-67호 | **주소** 서울시 서초구 신반포로 321
**전화** 미래엔 고객센터 1800-8890 | **팩스** 541-8249 | **홈페이지 주소** http://www.mirae-n.com

ⓒ 세계로 2015

ISBN 978-89-378-9210-3 74910
ISBN 978-89-378-4587-1 (세트)

* 파본은 구입처에서 교환해 드리며, 관련 법령에 따라 환불해 드립니다. 다만, 제품 훼손 시 환불이 불가능합니다.

KC 마크는 이 제품이 공통안전기준에 적합하였음을 의미합니다.
사용 연령: 8세 이상